LETTRE

AUX CULTIVATEURS FRANÇOIS,

SUR les moyens d'opérer un grand nombre de Desséchemens, par des procédés simples et peu dispendieux, tels que ceux qui furent employés dans le dix-septième siècle par les Hollandois, dans les ci-devant Provinces d'Aunis, Poitou et Saintonge, formant aujourd'hui les Départemens de la Vendée, des Deux-Sèvres et de la Charente-Inférieure; précédée d'un Avant-propos sur les lois nécessaires pour assurer la conservation des Rivières, des Canaux navigables et flottables, et des Desséchemens;

Par PIERRE-CHARLES-MARTIN CHASSIRON, Membre du Tribunat et de la Société d'Agriculture du Département de la Seine.

O fortunatos nimium sua si bona norint, Gallos.

A PARIS,

DE L'IMPRIMERIE de Madame HUZARD, Imprimeur de la Société d'Agriculture du Département de la Seine, rue de l'Éperon, N°. 11.

VENDÉMIAIRE, AN IX.

AVERTISSEMENT.

A la paix, il sera d'une sage politique de donner une direction utile à cette énergie nationale si fortement développée par la révolution, et qui a enfanté tant de prodiges dans nos camps et sur le champ de bataille.

Il faudra diriger cette industrie vers les Arts méchaniques et libéraux ; l'appliquer au Commerce, à l'Industrie et à l'Agriculture.

La France peut doubler ses produits industriels et territoriaux; les François sont le seul peuple qui en doute.

J'ai cherché dans cet écrit à présenter quelques vues qui le prouvent.

La Société d'Agriculture du Département de la Seine et le Ministre de l'Intérieur en ayant arrêté l'impression, je crois devoir le publier. Puisse-t-il remplir l'objet que je me suis proposé en le traçant !

———

AVANT-PROPOS.

Les évènemens inséparables d'une grande révolution ont également frappé le Commerce et l'Agriculture.

Les desséchemens faits ont été abandonnés ; les canaux navigables négligés ; les rivières navigables et flottables couvertes d'écluses, de grods, moulins, usines, pêcheries, plants d'arbres aquatiques qui arrêtent le libre cours des eaux, inondent les campagnes, s'opposent à la navigation et au flottage.

Delà des attérissemens, des envasemens, des ensablemens qui élèvent successivement le lit des rivières.

J'ai constaté que le fond du canal de plusieurs rivières des départemens de la Vendée, des Deux-Sèvres, de la Charente-Inférieure s'étoit considérablement élevé depuis dix ans, et que déjà la navigation y devenoit difficile : dans peu d'années peut-être elle sera impossible. Il en est ainsi de presque toutes les rivières et canaux navigables de la France.

Ce sont là de très-grands maux ; et sans la

prévoyance du Gouvernement, ils deviendroient irréparables. La France renonceroit au plus grand bienfait qu'elle tient de la nature, d'être divisée en bassins naturels, et traversée par des fleuves et rivières navigables, qui n'attendent que des canaux de jonction pour offrir un système complet de navigation intérieure : système dont les effets seroient incalculables pour la gloire et la prospérité de la Nation.

Indépendamment de l'accroissement que prendroient les fonds territoriaux par une circulation rapide et peu coûteuse de leurs produits, plus de deux cent cinquante mille hectares de terres, aujourd'hui inondées et pestilentielles, seroient rendues à la culture et deviendroient généralement très-fertiles.

Mais un avantage inappréciable pour la France, seroit l'exploitation d'un grand nombre de mines de charbon de terre ou de houille (1) : ce combustible circulant par les canaux et les fleuves navigables, iroit alimenter nos ateliers, nos manufactures ; y suppléer le bois ; y faire baisser la main-d'œuvre et enlever à l'Angleterre la seule prime, peut-

---

(1) On en trouvera le Tableau à la fin de ce Mémoire.

être, qui reste à son industrie sur la nôtre. L'aperçu des avantages inappréciables qui résulteroient de l'exécution du systême général de navigation intérieure de la France, suffit pour convaincre le Gouvernement d'une vérité bien importante : « C'est que ce grand
» travail exige des travaux préparatoires
» et multipliés, qui demandent peu d'argent,
» mais beaucoup de temps ; que les ajourner
» à la paix, c'est les ajourner à plusieurs
» années après la paix, et avec eux la pros-
» périté de la France ».

Nous n'avons encore, sur le systême de navigation intérieure, que des idées générales et aucun plan définitivement adopté (1). Le rapport qui fut fait à la Convention nationale, le 24 Fructidor de l'an III, par le C. *Maragon*, présente un plan dont plusieurs parties sont reconnues bonnes, d'autres sont à vérifier, un grand nombre sont contestées, comme dangereuses ou inexécutables.

Ceux des canaux, dont l'exécution est reconnue avantageuse, exigent plusieurs nivel-

---

(1) Ce rapport offre l'extrait de différens plans proposés, et notamment du travail de *Dupré de Saint-Maur*, Intendant de Bordeaux.

lemens à faire, un plus grand nombre à vérifier.

Quant aux canaux contestés et sur lesquels plusieurs plans sont proposés, il faut des fouilles de terre, des sondes, des expériences plusieurs fois répétées au moment de la crue et de la décrue des eaux. Tout cela, je le répète, exige peu d'argent, mais beaucoup de temps.

Enfin, il faut suppléer aux parties du plan, qui sont reconnues impossibles ou dangereuses; choisir entre plusieurs projets proposés ; ce qui demande l'examen et le travail de plusieurs hommes exercés, pris séparément ; et ce n'est pas là l'affaire du moment.

Il faut donc préparer aujourd'hui ce grand travail, si l'on veut l'exécuter dans des temps plus calmes et plus heureux.

Il faut sur-tout ne pas le rendre impossible par l'attérissement de nos canaux et de nos rivières, ou par des desséchemens imprudemment faits, qui *dilapideroient* les grandes masses d'eau nécessaires au point de partage (1).

―――――――――――――――――

(1) Je crois cette observation assez importante pour fixer l'attention du Gouvernement.

Tout se co-ordonne, se lie dans le système physique, comme dans l'ordre moral; et si une main imprudente enlève un seul anneau de cette longue chaîne, elle est rompue et ne peut se rattacher au plan général.

Pénétré de ces grandes idées, par des études suivies et par des voyages fréquens dans plusieurs parties de la France, je cherchai à les répandre dès que je fus porté au Corps-Législatif (1). Je saisis toutes les occasions d'en convaincre le Gouvernement; de lui persuader que, s'il ne pouvoit encore *faire le bien*, il pourroit au moins le préparer et arrêter *les progrès du mal.*

Je me plais ici à dire que l'un des Membres de l'ancien Directoire, quoique étranger par ses études à cette sorte d'objets, sentit vivement l'importance des vues que je lui présentois. Il m'invita à lui proposer les projets de lois nécessaires. Ma réponse fut facile : « Tout
» est fait, lui dis-je; il ne s'agit que de réunir
» dans un arrêté les dispositions des lois, des
» réglemens et des ordonnances multipliées...
» Tout est prévu par l'ordonnance des Eaux

---

(1) Je fus nommé, en l'an V, Membre du Conseil des Anciens, depuis, à la Commission législative du même Conseil.

» et Forêts de 1669 ; par la loi du 1er. Dé-
» cembre 1790 ; par celles des 12, 16, 20 et
» 24 Août suivant; enfin par celles des 6 Oc-
» tobre 1791, et 21 Septembre 1792. Il ne s'agit
» que de présenter, dans un seul cadre, les
» dispositions utiles de ces lois trop multi-
» pliées ». C'est ce que j'effectuai dans le projet de l'arrêté du 19 Ventôse an VI (n°. 672, bulletin 190), contenant des mesures pour assurer le libre cours des rivières et canaux navigables et flottables. Ce projet, après plusieurs modifications, fut adopté. Mais tel fut l'empire des circonstances, et le peu d'accord entre les différentes Administrations, que cet arrêté important n'a jamais reçu qu'une exécution locale et partielle dans les Départemens où il se trouvoit des hommes vraiment administrateurs. Par-tout ailleurs il est resté sans exécution.

Je crois faire une chose utile et remplir mon devoir d'homme public, en retraçant ici au nouveau Gouvernement les idées déjà présentées au Directoire. Il en sentira sans doute l'importance ; il sentira que, plus le temps s'avance, plus les dangers croissent, plus devient urgente la nécessité de ne plus différer. Les moyens sont possibles, au moment où l'Administration départementale se trouve concentrée. Tout est facile, si les Préfets possèdent ces vues administratives, ce coup-d'œil sûr et exercé, qui ne s'acquièrent que par le temps et l'habitude de l'Administration.

Au surplus, ils trouveront des secours, en consultant un grand nombre d'Ingénieurs des Ponts et Chaussées très-instruits, et en même-temps des Agriculteurs éclairés et qui connoissent bien les localités, afin de réunir la connoissance des faits aux connoissances théoriques. J'insiste sur ce point. Une longue expérience m'en a fait sentir l'importance. Il ne faut jamais oublier, en administration, qu'un seul fait renverse la plus belle théorie; et que la plus savante théorie ne supplée pas à la connoissance des faits. Mais il est temps de rentrer dans l'objet spécial de ce Mémoire.

Avant de parler des moyens d'exécuter des desséchemens partiels, je dois dire ce que la loi a fait pour en faciliter l'exécution, et pour conserver les desséchemens déjà faits.

Ces terreins appartiennent presque toujours à un grand nombre de possesseurs de propriétés très-inégalement divisées entre eux. Il faut donc qu'ils puissent se réunir, y délibérer, s'imposer des contributions volontaires, convenir des travaux à faire, nommer des Syndics, des Directeurs, des Agens-d'exécution, chargés de conduire les travaux, *de rendre des comptes aux intéressés.* Tout cela n'existoit précédemment que par des usages de localité tombés en désuétude... Plusieurs de ces réunions avoient été traitées d'attroupemens séditieux ; elles devenoient, au reste, inutiles, parce que la République ayant presque toujours des intérêts communs avec ceux des individus, à raison des domaines nationaux, tout étoit paralysé par son défaut d'intervention.

Je crus prévenir ces inconveniens, en présentant un projet de loi pour les Départemens de la Vendée, des Deux-Sèvres, de la Charente-Inférieure, projet qui fut adopté et rendu général par la loi du 4 Pluviôse an VI, relative à l'entretien des marais desséchés (n°. 662, bulletin 179). Je sens aujourd'hui que ce projet est insuffisant, et que la loi du 4 Pluviôse est incomplette. En effet, les Propriétaires de marais desséchés peuvent bien se réunir, s'assembler pour délibérer sur leurs intérêts communs et l'entretien de leurs desséchemens ; mais souvent des individus qui n'ont qu'un, deux ou trois hectares, ne voulant faire aucune avance, aucuns frais, paralysent par leur vote, en majorité de nombre, toute délibération, tout travail utile à la masse des *intéressés*. J'ai suivi, pendant huit ans, des assemblées de ce genre, et j'ai constamment fait cette observation.

Il faudroit que les délibérations fussent prises à la majorité des suffrages *des Membres présens, tous duement appelés*.

La loi devroit encore autoriser un nombre déterminé d'*intéressés*, qu'on pourroit fixer à la moitié, non des propriétaires, mais des détenteurs de la propriété, à requérir pour la première fois une assemblée générale d'*intéressés*, par voie administrative, pour nommer des Régens, Syndics et Directeurs...

La loi ne devroit accorder le droit de voter qu'à ceux qui possèdent au moins vingt-cinq hectares; autrement ceux qui n'ont pas un dixième d'intérêt font la loi à ceux qui *possèdent les neuf autres dixièmes*, et c'est bien là que les principes de liberté, d'égalité, sont violés par une très-fausse application : « car » j'ai le droit de jouir de ma propriété, mais » sans nuire à celle d'autrui ».

Si ma maison est isolée, et que je veuille

la brûler, je ne suis qu'un *fou*; si elle est au milieu du village, je deviens un *incendiaire*; ai-je donc plus de droit d'inonder ma propriété, si j'inonde en même-temps celles de mes voisins ?...

Nous avons heureusement renoncé *à ce genre de liberté*, en nous soumettant au joug salutaire des lois et à l'état de civilisation.

Il ne faudroit cependant pas abuser de ces principes, en leur donnant trop d'extension; en *nommant d'office* des Syndics, des Directeurs aux Propriétaires, en forçant ceux-ci à verser leurs contributions dans les caisses publiques, en leur ôtant le droit d'en fixer la quotité, d'en surveiller l'emploi. Ce seroit là une véritable atteinte au droit de propriété, et cette faute, commise par l'ancien Gouvernement, faute qu'il sentit et qu'il répara, ne peut devenir celle du Gouvernement actuel. Ce seroit le vrai moyen de dégoûter de ces sortes de propriétés, et d'en éloigner tous les capitaux, qui pourroient les fertiliser.

Mais il est un article de la loi, le plus important de tous, et sans lequel il ne faut plus espérer de trouver les capitaux, qui seuls peuvent faire exécuter de grandes entreprises.

La Nation ayant vendu ce qu'elle possédoit dans les desséchemens *faits*, franc et quitte *de toutes charges antérieures*, il en résulte, d'après les lois sur sa co-solidarité, que la masse entière des capitaux retombe de tout son poids sur un petit nombre de propriétaires, qui ne peuvent se libérer, même en déguerpisssant leurs fonds. Enfin, les créanciers eux-mêmes, après avoir réuni les propriétaires, après les avoir expropriés, sont encore constitués en perte.

Il est évident qu'un tel état de choses détourneroit à jamais les capitaux des grandes entreprises de navigation et de desséchement.

C'est à la sagesse du Gouvernement à *remédier au mal déjà fait*, et l'on croit le moyen facile ; mais il faut prévenir par une loi fondamentale toute inquiétude pour l'avenir. « Cette loi pourroit porter, que tout prêt de
» capitaux fait à des Propriétaires ou à des
» Actionnaires qui entreprendront des desséchemens de canaux navigables et flottables,
» des défrichemens, portera inscription hypothécaire, sans aucune formalité, et que
» la Nation elle-même déclare, qu'en cas d'aliénation de sa part dans lesdites sociétés,
» les Acquéreurs seront toujours tenus à l'inscription hypothécaire, s'ils ne se libèrent par

« le remboursement de leur part et portion
« dans les emprunts antérieurement faits ».

Je dois terminer ici ces détails, peut-être fatigans, mais non-inutiles, ou étrangers à mon sujet. En vain je présenterois les moyens d'exécuter un grand nombre de desséchemens, si le défaut des dispositions législatives paralysent ces moyens physiques d'exécution; et tel est encore l'état de notre Législation à cet égard....

Je dois prévenir que l'extrait de ce Mémoire fut lu à la Séance publique de la Société d'Agriculture du Département de la Seine, que je présidois l'an dernier ; j'ai reçu un grand nombre de lettres, de demandes, d'observations, etc., j'y réponds par ce Mémoire.

MÉMOIRE.

MÉMOIRE.

Je réponds de la certitude des faits que j'avance dans ce Mémoire; je livre les conséquences que j'en tire à l'examen des hommes instruits, sur-tout de ceux qui réunissent la pratique aux connoissances théoriques..... J'entre en matière.

Vers le milieu du seizième siècle, des Hollandois vinrent en France, et entreprirent un assez grand nombre de desséchemens. Leurs procédés étoient simples. Ils consistoient à tirer le plus grand parti des moyens qu'offroit la nature, et à recourir très-rarement à ceux de l'art. Cette méthode, facile et ingénieuse, paroît avoir été oubliée : je viens la rappeller.

J'y joindrai les observations que j'ai faites, dans un grand nombre de marais desséchés, *notamment par les Hollandois dont je viens de parler.*

Je ne connois pas d'ouvrage françois d'économie rurale, pas même ceux de *Rozier*, qui aient traité de l'art des desséchemens en grand; presque tous ne parlent que de travaux partiels, et qui tenoient à la localité. J'ai donc pensé qu'il étoit utile de présenter quelques idées sur cette question importante. Je vais indiquer la carrière, d'autres la parcoureront.

Je suppléerai aux lumières qui me manquent, par les leçons que m'a données l'expérience. Je dirai ce que j'ai pratiqué, ce que j'ai observé.

Cette méthode n'est pas la moins sûre pour arriver à la vérité, et je suis convaincu que nous ne marcherons bien en agriculture, que quand nous l'étudierons, comme nous avons fait depuis vingt ans la chimie et la physique expérimentale, en recueillant des faits, en procédant toujours *du connu à l'inconnu*.

Pour entreprendre un grand desséchement, il faut avoir un coup-d'œil très-exercé, et ce qu'on appelle de l'aperçu dans l'esprit, c'est-à-dire l'art d'observer ce que l'on a vu, pour en tirer des résultats utiles. Cela suppose des facultés dont la nature n'est pas toujours prodigue, mais auxquelles il est possible de suppléer par une grande expérience.

Avant de parcourir rapidement la série des travaux nécessaires pour opérer un desséchement, il faut savoir s'il est possible de l'effectuer. Pour cela, quelques observations préalables sont nécessaires.

OBSERVATIONS GÉNÉRALES.

Première Observation.

Il faut parfaitement connoître le terrein que l'on doit travailler ; il faut le *savoir par cœur*, si j'ose ainsi parler ; étudier la nature du sol, les pentes qu'il peut offrir ; en faire le nivellement général, et sur-tout *celui des parties les plus basses*. Je connois un grand nombre de desséchemens manqués, parce qu'ils renferment des terreins dont les eaux ne peuvent s'écouler par des canaux dont le niveau est trop élevé. C'est-là une très-grande faute, la plus irréparable de toutes, parce qu'on ne peut y remédier qu'à l'aide de machines dispendieuses, telles que les moulins de la Hollande, les pompes-à-feu, les béliers hydrauliques, etc. etc.

Deuxième Observation.

Ces premières connoissances acquises, il faut, avant de mettre la main à l'œuvre, s'assurer si l'on peut conduire les eaux dans des bassins naturels, tels que la mer, une rivière, un lac, un étang ; enfin, si l'on possède, ou si l'on peut acquérir, le terrein nécessaire aux canaux qui peuvent y conduire. Il ste presque par-tout de ces bassins inférieurs plus ou moins éloignés, destinés à recevoir les eaux supérieures. La nature qui fit la terre pour l'homme, la disposa de manière qu'il pût toujours rendre son domaine utile, et même l'embellir, et si elle a exigé qu'il y employât ses bras et son intelligence, c'est un bienfait de plus : elle a voulu lui réserver par-là de grandes jouissances, en faire son collaborateur, et l'associer à une seconde création.

Troisième Observation.

Il faut sur-tout bien connoître la qualité de la terre que l'on doit travailler, s'assurer si elle est calcaire, sabloneuse, argilleuse ou mélangée; il faut s'assurer, par des fouilles profondes, de la nature des couches inférieures; on verra bientôt l'importance de ces observations.

Supposons donc le terrein, les pentes, la nature des couches supérieures et inférieures du sol bien connus; il s'agit de mettre la main à l'œuvre et de tracer le plan du desséchement. Je suppose toujours que l'on peut l'opérer, en conduisant les eaux dans un bassin naturel, et qu'il existe une pente pour les y conduire. Comme il est peu de terreins en France qui ne jouissent de cet avantage, ce sera d'eux que je m'occuperai principalement dans ce Mémoire, et non pas des desséchemens qui exigent des ouvrages d'art, proprement dits, tels que des aqueducs, des ponts, des écluses, etc. Je n'écris point pour les gens de l'art, mais pour le simple Cultivateur.

Pour faire un grand desséchement, il est deux objets à remplir.

1°. Contenir les eaux extérieures.
2°. Vider les eaux intérieures.

J'examinerai, dans deux chapitres séparés, ces deux objets très-distincts ; je mettrai dans cette discussion le même ordre qu'il faudra mettre dans ces travaux.

CHAPITRE PREMIER.

Quels moyens doit-on employer pour contenir les eaux extérieures ? Des digues ou chaussées faites avec le sol lui-même ; car s'il falloit ou transporter des terres, ou faire des ouvrages d'art en maçonnerie, je connois peu de sols qui pussent couvrir la dépense par leurs produits ; il faut donc que la terre soit argilleuse ou mêlée d'argile : si elle étoit purement calcaire ou sabloneuse, il est certain que les eaux la traverseroient comme un crible, et ne seroient pas contenues ; cependant si les premières couches sont telles, il faut réfléchir que les eaux mêmes qui inondent le terrein, prouvent la présence dans *les couches inférieures*, ou d'une couche de terre argilleuse, ou d'un banc calcaire entièrement lié : car autrement les eaux se perdroient à travers la terre et iroient nourrir ces sources nombreuses, qui, comme autant de veines, circulent à travers la terre, pour se rendre dans les grands dépôts ou réservoirs communs.

Cependant si on ne rencontre que des sables ou des pierres calcaires, pourvu que celles-ci soient mélangées de quelques parties de terre végétale, il ne faut pas se décourager ; il faut que l'art vienne au secours de la nature ; il faut élever des chaussées, y planter des arbres, des arbrisseaux, des tamaris, semer du gazon ; bientôt les racines entrelacées consolideront le terrein ; les feuilles pourries, les débris des insectes qui les habitoient, les pluies fécondes, les sels dont l'air lui-même est imprégné, couvriront les levées d'une couche de terre végétale.

J'ai vu pratiquer un moyen très-ingénieux pour consolider des chaussées dont la terre étoit trop légère et trop mobile : on les couvroit avec de longs roseaux ou autres plantes aquatiques, contenues par des perches, saisies elles-mêmes par des crochets de bois enfoncés dans la terre ; on laissoit ces digues ainsi, *sous enveloppe*, si j'ose ainsi parler, livrées à l'action des eaux, pendant l'hiver ; les roseaux, les herbes pourrissoient et se convertissoient en terre végétale, et au printemps on voyoit avec étonnement succéder à ce lit de roseaux secs et jaunâtres, de beaux gazons et une riante verdure.

Souvent les eaux extérieures qui menacent les digues, tombent par torrent des montagnes voisines ; alors plusieurs coupes transversales ou fossés parallèles arrêtent, brisent l'impétuosité du torrent.

Dans les plaines, au contraire, souvent les eaux s'étendent sur une large plage, sur un lac, un étang ou un fleuve ; poussées par le vent, elles roulent de longues lames qui, accélérées dans leurs cours, renverseroient, surmonteroient tous les obstacles ; il faut élever plusieurs levées parallèles qui brisent le flot, et garantissent la levée principale.

Je ne dois pas omettre un moyen pratiqué dans la ci-devant Provence, pour contenir les eaux de la Durance, auxquelles on n'a à opposer que des digues faites avec un terrein sabloneux et mouvant, mais qui cependant contient quelques parties végétales.

On plante sur ces chaussées un rang d'arbres aquatiques, frênes, bouleaux ou autres; à trois ans, un coup de hache coupe à moitié de l'épaisseur et à trois pieds de terre, la tige même de l'arbre; il se renverse et sa tête va tomber au-dessous du pied et des racines. Bientôt la cicatrice est fermée, mais l'arbre ne se relève pas, et la tête offre sans cesse une *molle résistance* à l'action des eaux qui viennent y déposer le limon ou les terres qu'elles charroient. Les branches enfouies deviennent bientôt des racines et poussent de nouveaux jets; les années suivantes, un second rang d'arbres est planté de la même manière, et le fleuve vaincu est forcé d'enchaîner lui-même ses propres eaux.

L'expérience a prouvé que ce moyen, aussi simple qu'ingénieux, a suffi pour arrêter des ravages que n'auroient pu prévenir les digues en pierres et autres ouvrages d'art, toujours dispendieux, et qui réussissent rarement, lorsqu'ils portent sur un fond trop mobile.

C'est ainsi que le foible roseau résiste à la tempête, tandis que le chêne est abattu.

Rien n'est impossible à l'industrie de l'homme, dirigée par le génie, secondée par le travail.

Passons maintenant à l'art même de construire les digues ou chaussées qui, comme un mur de circonvallation, doivent contenir l'ennemi (les eaux extérieures). Il faut connoître la force de cet ennemi, calculer le volume des eaux, la rapidité de leur cours, la direction des vents qui peuvent ajouter à leur choc, afin de leur opposer des moyens suffisans de défense par la hauteur et la force des digues.

Ici l'on doit encore faire entrer en compensation la nature du sol que l'on manie; si la terre est forte et argilleuse, il faut donner moins d'*empatement* ou de bases aux digues, moins de largeur à leur *sommet* ou *couronne*, et vous aurez moins de terres à remuer.

Si au contraire, on travaille des terres légères ou calcaires, ou mélangées de *detritus* de végétaux, ce qui est le cas le plus ordinaire, il faut alors tracer de larges chaussées, donner plus de pentes aux talus, afin de prévenir les éboulemens; ce seroit une erreur de vouloir appliquer les règles du calcul et donner une pente déterminée par mètre de talus; ce n'est pas ici un rempart, un mur de fortification où l'on emploie la pierre ou la brique à volonté, vous n'avez ni le choix des moyens, ni celui des matériaux ; vous ne pouvez pas faire la loi, il faut la recevoir, il faut capituler avec la nature ; voici la seule règle qu'on peut prescrire.

La force des digues ou chaussées, doit être en raison composée du volume des eaux, de leur rapidité, et du plus ou moins de force et de ténacité des terres qui servent à les contenir.

J'ai donc eu raison de dire qu'il falloit, pour faire un desséchement, un coup-d'œil très-exercé, et une grande connoissance du terrein ; le plus habile ingénieur seroit ici en défaut ; il faut consulter l'habitant du pays, celui qui, comme l'arbre des forêts, a pris *racine* sur le sol, et le connoît comme *par instinct ;* cependant, je recommande les fouilles profondes ; si l'on a l'habitude d'observer, elles révèlent presque toujours le secret de la nature, et la qualité des couches inférieures du sol qui peuvent fournir des terres propres à consolider les chaussées.

Dois-je ajouter ici que, pour élever des digues, il faut les placer entre deux larges fossés, l'un intérieur et l'autre extérieur, d'où l'on tire la terre même qui sert à former la levée ; on appelle, dans plusieurs pays, le canal extérieur, *ceinture*, et l'intérieur, *contre-ceinture*. J'adopterai ces mots, parce qu'ils sont techniques et peignent la chose ; en effet, le desséchement effectué, le fossé extérieur est une *large ceinture* qui l'environne.

Avant d'aller plus loin, nous avons quelques observations précieuses à faire ; *le fossé extérieur, ou ceinture*, est destiné, non-seulement à fournir la terre nécessaire à la chaussée, mais encore à recevoir les eaux du dehors, à les vuider ou à les contenir.

La *contre-ceinture*, au contraire, ne sert qu'à fournir de la terre aux digues, tant pour leur construction que pour leur entretien, ou tout au plus à venir en aide des canaux intérieurs, dont nous allons bientôt nous occuper.

De ces données, il résulte qu'il faut que les *ceintures* soient plus larges et plus profondes que les *contre-ceintures*; qu'il faut ménager celles-ci, pour pouvoir tirer, par la suite, toute la terre nécessaire pour la réparation ou l'élévation des digues et chaussées, qui s'abaissent sans cesse ; car les eaux sont un ennemi, contre lequel il faut toujours être en garde ; si on lui permet la plus petite invasion, il croît, il s'étend avec rapidité, et rien ne peut arrêter ses ravages ; les obstacles qu'on lui oppose ne font que l'irriter et redoubler sa force ; jamais donc le *principiis obsta* ne fut plus nécessaire, et c'est pour cela que je ne puis trop recommander d'avoir toujours en dépôt, sur la tête des digues ou chaussées, des amas de terre, qu'on puisse porter là où les eaux, dans leur plus grande crue, peuvent s'élever. Souvent quelques *panerées* de terre, versées dans un endroit convenable, peuvent arrêter une grande inondation, et le propriétaire imprévoyant, qui voit du haut de ses digues les eaux le menacer et couvrir tout le sol, voudroit acheter un peu de terre au poids de l'or ; mais ses regrets sont superflus, ses champs sont inondés, ses moissons ravagées ; et son voisin, plus intelligent, peut lui appliquer l'utile morale de la Fable du bon Lafontaine : *Que faisiez-vous cet été ?*

Je n'entreprends point de tracer ici l'art de construire et d'élever des digues et chaussées, je dois me borner à des idées générales ; les détails, les procédés usités dans tel pays, telle localité, ne seroient applicables qu'à telle ou telle nature de terrein ; et ce qui seroit utile à tel propriétaire, induiroit les autres en erreur. Je passe donc au second Chapitre, des Canaux intérieurs.

CHAPITRE II.
Canaux intérieurs.

C'est ici que le travail doit venir au secours de la nature ; mais il faut toujours qu'une grande connoissance du sol éclaire le premier.

En traçant un canal intérieur de desséchement, vous avez trois choses à considérer : le niveau des parties les plus basses du terrein, la nature du sol, le volume des eaux à écouler.

Il est hors de doute qu'il faut que le canal destiné à écouler les eaux puisse les contenir, et qu'il puisse recevoir toutes celles que lui portent les canaux ou *conduits* subsidiaires qui dessèchent le terrein ; si les veines du corps humain sont d'un trop petit diamètre pour contenir le sang, on en diminue le volume par une saignée, sans cela il y auroit pléthore et apoplexie : on ne peut pas diminuer à volonté le volume des eaux, il faut donc y proportionner les canaux destinés à les recevoir ; mais comme il y a impossibilité de connoître mathématiquement le volume d'eau dans un nouveau desséchement, la prudence demande (et je ne puis trop insister sur cette mesure) qu'en creusant les canaux, on se réserve toujours les moyens de les élargir; et pour ce, il faut laisser un espace, ou *franc-bord*, entre les bords même du canal et les *déblais* ou terre qu'on en tire pour les creuser. Quand cette opération se fait au moment même où l'on creuse le canal, elle est facile; deux travailleurs, placés sur les bords, reçoivent les terres, et avec la pelle, les jettent à dix pas du canal, où d'autres les terrassent; ainsi, toute la dépense consiste dans quelques journées de travailleurs : mais lorsqu'on a négligé cette mesure, lorsqu'une fausse économie de terrein l'a repoussée, et qu'il faut élargir un canal, alors les dépenses deviennent immenses, quelquefois les travaux impossibles, et l'on éprouve une vérité certaine en Agriculture, c'est que rien n'est plus ruineux que les demi-moyens et les fausses économies; ajoutez encore, que lorsqu'on a négligé de laisser des francs-bords, et qu'il faut curer les canaux, il faut alors porter les déblais à une grande hauteur pour atteindre la *tête des jets*, ce qui ne se fait que par des moyens très-dispendieux.

Nature du Sol.

Je ne pourrois que répéter ici ce que j'ai dit à cet égard pour les levées ou chaussées ; il faut, pour prévenir les éboulemens, parfaitement connoître la nature du terrain que l'on travaille, et ménager les pentes ou talus, en proportion du plus ou moins de solidité des terres. Venons au desséchement des parties basses.

Le Niveau des parties les plus basses du Terrein.

Voici de toutes les opérations d'un desséchement, la plus difficile et la plus compliquée ; avant de l'entreprendre, il faut bien connoître :

1°. Le niveau comparatif des parties les plus basses et les plus élevées du sol ;

2°. La pente qu'on peut donner au canal général, pour rendre les eaux au bassin naturel destiné à les recevoir.

De l'examen de ces données, dépend la solution de la question suivante :

Peut-on opérer le desséchement complet, sans employer des ouvrages d'art ?

Faut-il, au contraire, avoir recours à des machines ou à des écluses ?

En effet, si dans un terrein à dessécher, il

se trouve des parties fort au-dessous du niveau général, il est évident que pour en recueillir les eaux, il faudroit donner une telle pente aux canaux, qu'alors ils ne pourroient plus conduire les eaux dans le bassin naturel, étang, mer, fleuve ou rivière.

Il n'y a alors que deux partis à prendre, ou de resserrer par des chaussées, les parties inondées, et d'en faire des étangs, ou de les changer en prairies.

Si vous en faites des étangs, l'art n'est plus nécessaire que pour contenir les eaux par des digues.

Si vous les changez en prairies, il faut alors employer le pouldre hollandois, le simple chapelet, ou bélier hydraulique, pour élever les eaux dans un canal ou aqueduc qui les rende au canal général.

J'avoue que je connois peu de terreins en France qui méritent cette dépense ; mais il importe toujours de contenir, de resserrer les eaux, tant pour la salubrité de l'air, que pour avoir au moins des étangs poissonneux. Quand au parti à prendre, il faut consulter l'intérêt personnel ; c'est un guide, à qui il ne faut cependant pas accorder une confiance sans réserve ; souvent il nous égare en voulant

nous

nous servir, et nous porte ou à l'excès de la crainte qui empêche d'entreprendre, ou aux espérances chimériques, qui font trop oser.

Des pentes à donner aux Canaux de desséchement.

Ici la pente même du terrain que parcourt le canal, doit être la première donnée du problême.

Ces pentes sont, ou trop rapides, ou trop lentes, ou nulles, ou inégales.

Pentes trop rapides.

Les pentes sont-elles trop rapides? Il suffit quelquefois de contourner le canal, de le faire circuler, alors la pente se prolonge sur un plus grand développement, et devient peu sensible.

Ce moyen supplée souvent aux écluses, aux déversoirs, aux chaussées mobiles, qu'on ne construit et qu'on n'entretient sur-tout qu'à grands frais; il est encore très-utile pour aller chercher les eaux des parties les plus basses; un simple chapelet suffit alors pour les déverser dans le canal général, et ce chapelet lui-même est mis en action par le cours des eaux.

C'est un préjugé de croire qu'il faut que les canaux généraux d'un desséchement soient toujours droits ; par-là on manque un desséchement, ou on ne l'opère qu'à l'aide de machines dispendieuses.

Je viens de présenter deux hypothèses, où il est évident qu'on dût préférer des canaux *sinueux* ; il en est une troisième, qu'il ne faut pas omettre.

Il arrive assez souvent qu'après un desséchement fait, le fond de terre se trouve ardent, sablonneux ou trop compact ; alors le sol, livré aux chaleurs de l'été, se fend en longues crevasses ; tout se dessèche, tout jaunit, tout brûle à sa surface. Si dans un tel terrain, vous eussiez adopté les canaux sinueux, ralenti le cours des eaux, multiplié leur surface, augmenté les bienfaisantes rosées que portent les brouillards du matin, alors, dis-je, vous eussiez porté par-tout la fraîcheur et la vie, vos prairies et vos bleds seroient toujours verds, et vous ne verriez plus vos bestiaux maigres et desséchés, n'oser appuyer le pied sur un sol brûlant qu'ils voudroient fuir pour jamais.

Pentes trop lentes.

Les pentes sont-elles trop lentes, souvent il suffit de ralentir momentanément le cours même de l'eau par des batardeaux ou des chaussées mobiles ; les eaux s'élèvent alors, deviennent plus rapides, et font sur les parties inférieures l'effet d'une écluse de chasse.

Il est inutile de dire qu'alors les canaux les plus directs sont toujours à préférer.

Pentes nulles ou irrégulières.

Je dois observer que les pentes *nulles ou irrégulières* n'existent presque jamais dans les terreins à dessécher ; ce sont presque toujours de grands bassins que les eaux même ont nivelé, et la bienfaisante nature a placé auprès d'eux des bassins inférieurs et naturels ; il n'y a donc d'obstacles à vaincre que pour le canal qui doit communiquer d'un bassin à l'autre.

La majeure partie des terreins inondés en France, l'est par des lacs ou des rivières qui s'extravasent, si j'ose ainsi parler, et se répandent sur des terreins qui sont au-dessous de leurs eaux enflées par les pluies ou par les torrens.... Alors, il suffit d'élever le long des bords du fleuve une chaussée parallèle pour contenir ses eaux, et de creuser un canal intérieur également parallèle au fleuve, et qui va à un ou deux myriamètres lui porter ces mêmes eaux qu'il refusoit de contenir dans la partie supérieure de son cours. C'est ainsi que le génie de l'homme sait quelquefois modifier à son avantage les lois même de la nature, qui ne devient rébelle que lorsqu'on veut lui en imposer et s'opposer à ses *immuables décrets*.

Je pourrois ici multiplier les exemples, mais je ne décrirai jamais tous les cas particuliers. Qui pourroit croire, si l'expérience ne l'eût prouvé, qu'il suffit quelquefois de creuser des puisards dans un terrain que l'on veut dessécher, de percer le lit de terre qui contenoit les eaux supérieures ? Alors elles se perdent dans un banc de pierre ou de sable ; elles disparoissent et vont enfler ces sources fécondes qui portent ailleurs la fertilité et la vie.

Je ne dois point terminer ce chapitre sans parler des canaux secondaires qui, comme autant de ramifications, vont porter les eaux aux canaux généraux de desséchement.

Comme on peut augmenter, réduire le nombre ou changer le cours de ces canaux secondaires, leur construction est bien moins importante que celle des canaux principaux, on peut, pour ainsi dire, les essayer avant de *les adopter* définitivement ; je me bornerai donc ici à quelques observations générales.

1°. Il importe de construire à l'embouchure de chacun de ces canaux, des chapelets très-peu dispendieux, mais qui servent à retenir les eaux dans telle ou telle partie, tandis qu'il faut les faire écouler dans une autre ; sans cette précaution, il arrive souvent que telle partie d'un desséchement est inondée, tandis que telle autre est frappée de sécheresse... Il ne faut donc pas négliger un moyen aussi simple de se rendre maître du cours des eaux.

2°. Il est un usage connu en Angleterre et recommandé par *Rozier*, c'est celui de combler les fossés secondaires ou rigoles, avec de grosses pierres (quand la nature en offre), et de les recouvrir de quinze à seize pouces de terre franche, alors il n'y a pas de perte de terrain, et les eaux s'écoulent par des conduits secrets.

Je suis loin de blâmer cet usage, mais n'est-ce pas le cas de dire ici, qu'il n'y a pas de règle sans exception, et que celle-ci en souffre beaucoup.

1°. En comblant les fossés secondaires, vous

perdez l'avantage précieux de pouvoir contenir les bestiaux et de les empêcher de vaguer et de fouler avec leurs pieds plus d'herbe qu'ils n'en mangent; vous éloignez d'eux les moyens de se désaltérer.

2º. Dans les terreins brûlans, et il y en a beaucoup de ce genre dans les desséchemens, vous renoncerez à l'avantage inestimable de ces vapeurs qui s'élèvent de la surface des eaux, et qui se répandent en fertiles rosées sur un sol trop aride ; cet effet naturel dans les pays de montagnes n'existe pas dans les plaines ; c'est donc encore ici à l'art, d'aider la nature.

3º. Vous renoncez enfin à ces plants d'arbres aquatiques qui bordent les canaux, en contiennent les terres, attirent la rosée et la fraîcheur, et décomposent l'air méphitique et pestilentiel.

Ainsi donc par-tout où il faut purger l'air et le rendre salubre; par-tout où il importe de conserver, de porter la fraîcheur sur un sol trop brûlant, par-tout où il faut préférer les prairies aux terres emblavées, nous ne devons pas renoncer à nos antiques usages de laisser nos canaux secondaires découverts, et nous ne devons adopter la méthode angloise que dans les terres assez arrosées, ou destinées à être emblavées. Il ne faut donc pas que la manie de l'imitation nous porte trop loin. Nous devons, en économie politique, imiter les Romains, qui n'adoptoient des autres peuples que les coutumes et les armes qui pouvoient convenir à leurs mœurs ou à leur politique.

Des Ouvrages d'Arts ; Ecluses, Vannes, etc.

Je n'entreprendrai point ici de parler des desséchemens qu'on ne peut opérer qu'à l'aide de constructions dispendieuses; il n'est point pour ceux-ci de préceptes généraux. Il faut pour chaque localité un plan particulier.

Mais dans les desséchemens ordinaires qu'on opère en élevant des digues et en creusant des canaux, il est très-rare qu'on ne soit pas obligé de construire à l'embouchure de chaque canal général une écluse, vanne ou porte batante ou à coulisses. Cette construction est indispensable pour tous les desséchemens qui portent leurs eaux à l'Océan, pour arrêter l'action du flux, qui feroit refouler les eaux; elle l'est encore dans tous les lacs, étangs, rivières où l'on peut craindre la crue des eaux.

J'ai donc pensé qu'il étoit nécessaire de faire connoître le défaut que j'ai constamment remarqué dans ces sortes de constructions ; mais préalablement il faut se rappeler que s'il importe de vider les eaux d'un desséchement en hiver, il n'importe pas moins de les retenir en été, pour entretenir une utile fraîcheur et désaltérer les bestiaux.

On est généralement dans l'usage de construire dans ces canaux des batardeaux en terre, contenus par des pilotis ; c'est un usage détestable qu'il faut proscrire.

1°. Parce que jamais on ne peut enlever totalement ces batardaux ; de-là des barres, et bientôt des attérissemens dans les canaux.

2°. Dans les grandes crues d'eau, à la suite d'un orage, souvent on n'a pas le temps d'enlever ces batardeaux, et tout est inondé.

3°. Enfin on ne peut pas, par ce moyen, se rendre maître du volume des eaux ; il faut ou les retenir en entier, ou tout vider.

Je ne puis trop recommander de renoncer à ce funeste usage et d'y substituer, lorsque l'on construit les écluses ou *portes*, deux anneaux ou *écours*, avec des vannes dans l'épaisseur des *basjoyers* ; alors on peut ouvrir à volonté la vanne principale, une ou deux des secondaires, et l'on devient entièrement maître du cours du volume des eaux.

Tels sont les principes généraux que j'ai cru devoir tracer pour opérer un desséchement en grand ; et j'ose croire qu'en les mettant en pratique, on peut être sûr du succès; mais il faut toujours de l'expérience et de l'habitude pour en faire l'application.

Il faut que toutes les parties secondaires s'accordent avec l'ensemble, et que tout soit en harmonie et en proportion... Dans un corps humain bien constitué le volume des vaisseaux est toujours proportionné à la masse du sang; il circule avec facilité dans les veines, dans les artères ; il va du cœur aux extrémités, et des extrémités il revient au centre ; nulle pléthore, nul engorgement, toute la machine est animée, tout agit, tout se meut, tout respire la vie, voilà l'image d'un desséchement bien combiné. Un corps cacochyme et souffrant où les fluides circulent à peine, où les mouvemens s'exécutent lentement, péniblement, où tout annonce la souffrance de l'individu, et le délabrement de la machine, nous donne l'idée d'un desséchement mal entrepris.

Terminons ce Mémoire par quelques observations générales sur les desséchemens, et osons dire qu'il en est un grand nombre qu'il seroit peut-être imprudent d'entreprendre avant de mettre à exécution ce beau système de navigation générale, de la République, qui doit doubler nos produits territoriaux et industriels (1). Nous pourrions tarir les grands dépôts d'eau nécessaire au point de partage, et rendre impossible l'exécution de cette vaste conception, vers laquelle il faut constamment diriger toutes nos vues, parce que les grandes destinées de la France y semblent attachées.

En creusant le canal du Midi, ou de Languedoc, nos pères ont uni les eaux de l'Océan et de la Méditerranée; et par cet exemple, ils semblent nous dire : achevez notre ouvrage; que bientôt les canaux du Nord, du Centre, de l'Est et de l'Ouest unissent les eaux de la Seine et du Rhône, du Rhône et du Rhin, de la Seine, de la Loire et de la Charente.

───────────────

(1) Je pourrois ajouter *et nos produits commerciaux*, quand nous saurons être nous-mêmes les exportateurs de nos propres denrées, et ne pas abandonner aux autres les profits de l'exportation, du frêt, et de la revente des productions de notre propre sol; car aujourd'hui ces productions enrichissent beaucoup plus les autres nations que la nôtre.

Que mille canaux secondaires lient à ces grandes divisions toutes les parties du sol françois; que d'un point donné de la République, les richesses du sol ou de l'industrie puissent couler à volonté vers les côtes de l'Océan ou de la Méditerranée; que de tous les ports maritimes les richesses des autres nations arrivent par de magnifiques canaux dans nos villes intérieures; que ces marais aujourd'hui fétides et pestilentiels portent leurs eaux dans ces vastes bassins et deviennent de fertiles campagnes; que les mines de tourbes et de charbon de terre, dont abonde notre sol, trouvent enfin des débouchés faciles, aillent alimenter nos manufactures, y prévenir la disette des combustibles, y faire baisser la main-d'œuvre, et enlever à nos rivaux *la seule prime* peut-être qui reste à leur industrie sur la nôtre.

Voilà le point de grandeur; voilà les hautes destinées auxquelles la France est appelée, et qu'il faut sans cesse avoir devant les yeux pour ne pas déranger ce plan par de fausses combinaisons. Voilà le second triomphe qui attend à la paix nos armées victorieuses; triomphe aussi grand pour leur gloire et plus cher encore à l'humanité, à laquelle il ne coutera pas de larmes. Qu'alors nos guerriers convertissent en instrumens aratoires ou d'industrie, le fer de leurs armes; que ces marais aujourd'hui inondés et putrides deviennent des champs fertiles, dont ils deviendront eux-mêmes propriétaires; là ils déposeront leurs lauriers sur le soc de leur charrue triomphale; ils raconteront à leurs nombreux enfans les prodiges de leur gloire, et ce qu'ils ont fait pour le bonheur de leur pays et celui de leur postérité.

Post-Scriptum. En 1789, le C. *Cretté de Palluel* fit imprimer un Mémoire qui avoit remporté le prix de la Société d'Agriculture de Laon.

Il avoit pour titre :

« Mémoire sur le desséchement des marais, et l'utilité qu'on peut tirer des marais desséchés en général, et particulièrement de ceux du Laonois ».

La lecture de ce Mémoire, prouve que *Cretté de Palluel* n'a traité que du desséchement de prairies, ou de celui de parties de terrein de peu d'étendue, et non des dessèchemens en grand. Les planches ou cartes, qui sont à la fin du Mémoire, ne laissent aucun doute à cet égard.

Le Mémoire de ce célèbre agriculteur n'en est pas moins précieux sous plus d'un rapport. Il offre la nomenclature la plus exacte des plantes, des semences, des plantations les plus convenables, dans les marais desséchés.

J'avois moi-même traité cet objet ; mais après avoir lu ce qu'a écrit sur ce sujet *Cretté de Palluel*, j'ai renoncé à mon travail, parce que j'ai reconnu qu'il étoit très-inférieur au sien.

Par la même raison, je n'ai point parlé du desséchement des simples prairies, ou de pièces de terres de quelques hectares seulement ; il faut enfin renoncer à dire ce qui a été bien dit avant nous. Mais je dois ici former le vœu, que le Mémoire de *Cretté de Palluel*, qui est devenu extrêmement rare, soit réimprimé, aux frais du Gouvernement.

Ce Mémoire, joint à celui que je donne aujourd'hui sur les grands desséchemens, présenteroit peut-être aux agriculteurs tout ce qu'il leur importe de savoir sur l'importante partie de l'économie rurale, relative aux desséchemens qu'on peut opérer sans recourir aux machines, aux écluses et aux travaux, proprement dits de l'art, qui ne sont point, je le répète, l'objet de mon travail.

Je crois devoir joindre à ce Mémoire un Tableau comparatif des Mines de houille, exploitées dans chaque Département, et de celles qui n'attendent, pour être exploitées, que des rivières et des canaux navigables.

TABLEAU

TABLEAU COMPARATIF des Mines de Houille exploitées dans chaque Département, & de celles qui n'attendent pour être exploitées que des Rivières et des Canaux navigables.

Département de l'ALLIER

MINES EXPLOITÉES		MINES EXPLOITABLES	
NOMS DES MINES	NOMS DES COMMUNES	NOMS DES MINES	NOMS DES COMMUNES
		Noyant.	Noyant.
		Fins.	Chazilles.
		Cabriers et Bruyaud.	Tronget.
		Beaudignat et Doyet.	Bierviers.
		Charbonnières.	Doyet.
		Souches.	Souchet.
		Hermence.	Mercence.
		Provost, Bouge et Forget.	Commentry.
		Vichy.	Vichy.
		Total des Mines exploitables dans le Département de l'ALLIER ...... 10 Mines.	

AVEYRON

Salpiric	Combres	Linhebac.	Livinhac.
		Pallières et Lanêla.	Paillères.
		Fioury.	Fioury.
		Mijanes.	Recoules.
		Lanzaguet.	Lanaguet.
		Meulinier.	Combres.
		Gourgaud.	Gourgaud.
		Lauzonie.	Lauzonie.
		Vialaret.	Vialaret.
		Lembras.	Lembras.
		Bournac.	Bournac.
		Pouzinét.	Pouzinét.
		Peur.	Peur.
		Combie.	Combie.
		Lembalie.	Les Jardis.
		Cranne.	Cranne.
		Fazenc.	Agen.
Total des Mines exploitées dans le Département de l'AVEYRON ..... 1 Mine.		Total des Mines exploitables dans le Département de l'AVEYRON ..... 17 Mines.	

BOUCHES-DU-RHÔNE

Peyrier.	Peyrier.		
Fuveau.	Fuveau.	Greasque.	Greasque.
Uzemque et Dubreuil.	Greasque.	Peypin.	Peypin.
Plaine et Grand-Rosier.	Peypin.	Plaine.	Plaine.
Plaine.	Plaine.	Auriol.	Auriol.
Loyes.	Loyes.		
Total des Mines exploitées dans le Département des BOUCHES-DU-RHÔNE ..... 14 Mines.		Total des Mines exploitables dans le Département des BOUCHES-DU-RHÔNE ..... 3 Mines.	

CANTAL

Belebol.	Champagne.	
Pradelle.	Pradelle.	
Côte-dréve.	Vyrière.	
Vendes.	Jalleyrac.	
Basset.	Basset.	
Pontanges.	Pontanges.	
Projet.	Projet.	
Barrière.	Barrière.	
Christophe.	Christophe.	
Molen.	Molen.	
Total des Mines exploitées dans le Département du CANTAL ..... 10 Mines.		

Département de la CORRÈZE

MINES EXPLOITÉES		MINES EXPLOITABLES	
NOMS DES MINES	NOMS DES COMMUNES	NOMS DES MINES	NOMS DES COMMUNES
Lapreos.	Maurriac.		
Laborie et Augeval.	Argental.		
Lourras.	Lourras.		
		Semet-Lafaric.	Bonnet.
		Pelletan.	Pelletan.
		Chabrouse et Rivier.	Cublac.
		Larochas.	Larochas.
		Chauvelin.	Vauneret.
Total des Mines exploitées dans le Département de la CORRÈZE ..... 3 Mines.		Total des Mines exploitables dans le Département de la CORRÈZE ..... 5 Mines.	

CREUZE

Cantoroux.	Saint-Martial.		
Forticulie.	Saint-Médard.		
Vissey.	Mourier d'Abun.		
Marais.	Maurier d'Abun.		
Boscarreuil.	Boscarreuil.		
Lavault.	Lavault.		
Falaix.	Palait.		
Paulo-Moreau.	Paulo-Moreau.		
Total des Mines exploitées dans le Département de la CREUZE ..... 8 Mines.			

DORDOGNE

		Boueq et Lacou.	Treveix.
		Total des Mines exploitables dans le Département de la DORDOGNE ..... 1 Mine.	

GARD

Allier.	Allier.		
Forêt de Portes.	Portes. { Fond et exploitation à cieux ouverts.	Levade.	Lalevade.
	Portes. { L'exploitation est souterraine.	Mourges.	Plan-cage.
		Cambrou.	Cambrou.
		Ineblaux.	Senilhac.
		Moliere.	Moliere. { 3 minet exploités.
		Beyrouillère.	Caresme de cuive Aubrac.
		Buyer.	Caisses Aubrac.
		Tressillon.	Commune de Trouillas.
Total des Mines exploitées dans le Département du GARD ..... 1 Mine. { d'exploitation souterraine.		Total des Mines exploitables dans le Département du GARD ..... 10 Mines.	

MAINE ET LOIRE

Georges-Chantelon.	Couteron.		
Saint-Aubin-Luigné.	St. Aubin-Luigné. { 3 puits dans une même Exploitation.	Montjean.	Montjean.
		Chaudefond.	Chaudefond.
		Iznagre.	Iznagre.
		Saurey.	Saurey.
		Chalonnes.	Besbrages.
			Chalonnes.
Total des Mines exploitées dans le Département de MAINE ET LOIRE ..... 2 Mines.		Total des Mines exploitables dans le Département de MAINE ET LOIRE ..... 6 Mines.	

Département du MONT-BLANC

MINES EXPLOITÉES		MINES EXPLOITABLES	
NOMS DES MINES	NOMS DES COMMUNES	NOMS DES MINES	NOMS DES COMMUNES
Entrevernes.	Entrevernes.		
Petit-Bomand.	Petit-Bomand.		
Noue-evés.	Monnetiés.		
Sonnax.	Sonnax.		
Nouvière.	Nouvière.		
Servolex.	Servolex.		
		Proveny.	Attache.
		Saint-Guingouf.	Saint-Guingouf.
		Abondance.	Abondance.
		Thônon.	Thônon.
Total des Mines exploitées dans le Département du MONT-BLANC ..... 6 Mines.		Total des Mines exploitables dans le Département du MONT-BLANC ..... 4 Mines.	

PUY-DE-DÔME

Brie et Cambelie.	Aurel-sous-Allier.		
Charbonnier.	Charbonnier.		
Lacrouzale.	Lacrouzale.	Chavaillon.	Chomalliès.
Total des Mines exploitées dans le Département du PUY-DE-DÔME ..... 3 Mines.		Total des Mines exploitables dans le Département du PUY-DE-DÔME ..... 1 Mine.	

VAUCLUSE

Mademois et Venasque.	Venasque et Mathasiu.	Bedouin.	Bedouin.
Plateau.	Plateau.	Hermerin.	Hermerin.
		Malaucene.	Malaucene.
Total des Mines exploitées dans le Département de VAUCLUSE ..... 3 Mines.		Total des Mines exploitables dans le Département de VAUCLUSE ..... 3 Mines.	

RÉCAPITULATION

PRINCIPALES MINES DE HOUILLE EXPLOITÉES	Mines.	PRINCIPALES MINES DE HOUILLE EXPLOITABLES	Mines.
Départemens.		Départemens.	
ALLIER.	0	ALLIER.	10
AVEYRON.	1	AVEYRON.	17
BOUCHES-DU-RHÔNE.	14	BOUCHES-DU-RHÔNE.	3
CANTAL.	10	CANTAL.	0
CORRÈZE.	3	CORRÈZE.	5
CREUZE.	8	CREUZE.	0
DORDOGNE.	0	DORDOGNE.	1
GARD.	1	GARD.	10
MAINE ET LOIRE.	2	MAINE ET LOIRE.	6
MONT-BLANC.	6	MONT-BLANC.	4
PUY-DE-DÔME.	3	PUY-DE-DÔME.	1
VAUCLUSE.	3	VAUCLUSE.	3
TOTAL GÉNÉRAL des Mines exploitées	**51**	**TOTAL GÉNÉRAL des Mines exploitables**	**60**

LETTRE sur les Dessèchemens, page 46.

OBSERVATIONS
Sur le Tableau précédent.

Ce Tableau offre cinquante-une mines exploitées, ou en exploitation, et soixante mines de houille non-exploitées, mais qui peuvent l'être. Ce Tableau est encore loin d'être complet ; il ne présente que les mines les plus importantes. Un grand nombre de Départemens paroissent privés de mines de houille (1) ; mais il est des Départemens qui en possèdent en abondance. Supposons toutes ces mines mises en exploitation, et que la houille qu'elles fourniroient circulât librement dans toute la France par des canaux et des rivières navigables.

1°. Quelle ressource pour un pays que menace la disette de bois ?

2°. Quel aliment pour nos manufactures qui emploient du combustible ?

3°. Quel changement dans notre industrie et dans le prix de la main-d'œuvre ?

4°. Quelle révolution dans nos Arts méchaniques, dans notre Commerce, dans notre Agriculture ?

---

(1) Il seroit très-important de faire faire des recherches par des Elèves instruits, de l'École des mines, dans ces mêmes Départemens.

Mais aussi quel État que celui qui possède, au-dedans et au-dehors de son sol, de si grandes richesses, de si grands moyens de prospérité nationale ?

C'est bien des François que l'on peut dire :

O fortunatos nimium, sua si bona norint....

La France n'attend, pour être animée, que l'inspiration du génie de ses Administrateurs. Elle pensa l'être sous *Sully*, sous *Colbert*; elle le sera par le Héros qui, après l'avoir rendue triomphante au-dehors, et conquis la paix, saura diriger l'énergie nationale vers les Arts utiles, et développer toutes les ressources du sol et du caractère des François. Il sera secondé dans cette *grande conception*, par un ministre à qui la nature a accordé ce *coup-d'œil rapide*, ce sentiment vif des choses grandes et utiles, qui fait l'homme d'etat et le bon administrateur.

Je joins ici copie de la Lettre des CC. composant le Conseil des Mines de la République, auxquels je dois les bases du Tableau qui précède. Leur lettre paroîtra sans doute une forte pièce à l'appui de mes opinions ; car je ne connois point d'institution plus utile par son objet et par les lumières de ceux qui la dirigent.

COPIE

COPIE de la Lettre des CC. composant le Conseil des Mines de la République.

Au C. Chassiron, Membre du Tribunat.

Paris, 28 Prairial, an VIII.

Citoyen Tribun,

Nous sommes persuadés, comme vous, que la construction des canaux de jonctions, entre les fleuves et les rivières navigables, seroit infiniment avantageuse aux mines de houille de la République; ces communications, qui sont desirées depuis si long-temps, une fois établies, multiplieroient les extractions de ces mines, étendroient les travaux de celles qui sont déjà en activité, imprimeroient une nouvelle et salutaire impression à celles qui sont abandonnées ou suspendues, faute de débouchés, et par ces moyens, ranimeroient le Commerce, les Arts et l'Industrie nationale, et fourniroient aux François un combustible économique, et au Gouvernement des moyens certains de ménager ses forêts, dont les dévastations, devenues si générales, menacent la République d'une disette de bois prochaine.

Le nombre de ces mines, qui sont à notre connoissance, est considérable. Nous vous envoyons l'état de celles que nous croyons devoir mériter particulièrement votre attention dans l'important travail que vous avez entrepris.

Salut et fraternité,

Les Membres du Conseil des Mines.
Signé Lefevre, Gillet-Laumont.

F I N.

www.ingramcontent.com/pod-product-compliance
Lightning Source LLC
LaVergne TN
LVHW021706080426
835510LV00011B/1611